LE SUFFRAGE UNIVERSEL

—

SA MORALISATION

10 Octobre 1873

LE

SUFFRAGE UNIVERSEL

SA MORALISATION

PAR

E. P.

.Prix : 40 centimes

MARSEILLE

TYPOGRAPHIE ET LITHOGRAPHIE CAYER ET Cie
Rue Saint-Ferréol, 57.

1873

NOTE DE L'AUTEUR

—

Les personnes qui désireraient quelques renseignements au sujet de cette brochure, qui auraient des observations ou des critiques à me faire parvenir, les journalistes qui en auraient fait un compte-rendu, sont priés de m'adresser leurs impressions sur ce travail, je m'empresserai d'y répondre, s'il y a lieu.

POSTE RESTANTE (AFFRANCHIR)

Aux initiales **E. P.**

MARSEILLE (B.-du-R)

MORALISATION DU SUFFRAGE UNIVERSEL

Je vois surgir des idées qui sont miennes depuis trois ans qu'elles occupent ma pensée et que je les propage verbalement, mais qui perdent leur plan d'ensemble en passant par diverses voies, et par conséquent l'unité, principe fondamental sans lequel rien n'offre de durée sérieuse.

Quelle que soit votre opinion politique, quelle qu'en soit la nuance, je viens vous soumettre un projet de loi électorale, basé sur le suffrage universel moralisé par la famille.

L'ancienne base de l'électorat, à laquelle certains hommes semblent vouloir revenir, sans cependant l'avouer, était le *cens*, principe qui pouvait être bon dans un temps d'honneur, de loyauté, de probité et de patriotisme, mais qui donnerait prise aux plus justes critiques, si, à notre époque pourrie d'agiotage, il était remis en vigueur.

Les fortunes territoriales, pas plus que les fortunes mobilières, ne sont actuellement le fruit de l'épargne de plusieurs générations.

Un coup de bourse, une série de transactions commerciales, souvent inavouables, les font et les défont.

Telles sont, par exemple, les transactions qui se sont faites sur les cotons durant la guerre de sécession des Etats-Unis, où l'on a vu des chargements de coton retourner en Amérique, afin d'amener une hausse encore plus formidable, au lieu d'aller alimenter nos manufactures affamées par le manque de cette matière première.

Telles nous verrons bientôt, par suite de l'agiotage sur les grains, nos populations affamées, manquant de pain, après l'année extraordinairement bonne de 1872. L'année courante est médiocre, il est vrai; mais des arrivages considérables de grains étrangers viendront combler le déficit, s'ils ne s'arrêtent en route dans quelques lieux servant d'entrepôt.

Nous n'avons plus de noblesse assez riche pour aider le roi ou l'Etat en portant sa vaisselle d'or à la monnaie; et nous n'avons plus parmi nos richissimes négociants, gros trafiquants, argentiers, détenteurs de la fortune publique, nous n'avons plus de Jacques Cœur.

On a des droits, dit-on, on ne les limite qu'à la lisière des lois; on aide son pays à 6 0/0 l'an, commission à part; on ne se reconnaît plus de devoirs.

Le cens électoral ne devant et ne pouvant pas être rétabli, est-ce à dire que, ne trouvant pas généralement les vertus publiques en haut, il faille se jeter dans les vices d'en bas; et que l'on doive accepter le suffrage universel tel qu'il subsiste aujourd'hui? Non, car il serait encore plus immoral d'accorder ce droit exorbitant, souverain, à tous les citoyens âgés de 21 ans, sans leur demander aucune garantie d'expérience, de capacité, de moralité et de soumission aux lois, que de le vouer au veau d'or du cens.

Un homme au-dessous de 25 ans ne peut se marier sans l'autorisation de sa famille ; un notaire, un médecin, etc., ne peuvent exercer avant cet âge ; et des jeunes gens à peine sortis du collége, d'apprentissage, sans expérience, souvent sans intelligence, viendraient peser de tout le poids de leur vote sur les destinées de leur patrie, sans qu'elle ait le droit de leur dire : « Vous qui voulez me légiférer, quelle garantie m'apportez-vous ? Qu'avez-vous fait pour moi ? »

Aussi qu'arrive-t-il du fonctionnement actuel du suffrage universel ? Que les plus mauvaises passions se font jour ; que les idées subversives sont propagées dans les masses et que l'exploitation de ces masses inconscientes, par quelques individus ambitieux ou cupides, peut-être *payés par l'étranger*, nous mène à la ruine matérielle et morale, et bientôt, si l'on n'y met ordre, à l'anéantissement de notre malheureuse patrie.

Si l'on veut conserver le suffrage universel, il faut qu'il ne soit accessible qu'aux citoyens qui auront donné une garantie à la Société, en faisant précéder l'exercice de leur droit, de l'accomplissement d'un devoir moral et matériel et de respect aux lois.

Ce devoir devant être accessible à tous, bien avant l'âge de 25 ans accomplis, afin qu'à cet âge l'homme puisse entrer dans la vie publique.

Quel est le devoir qui, plus que le mariage, réunit ces conditions vis-à-vis du pays ?

Dieu disant à Adam et Eve : « *Crecite et multiplicamini* », n'a-t-il pas créé la famille et sanctionné le premier mariage ?

La famille, d'essence divine, base des sociétés humaines, doit être la vraie et seule base matérielle et morale de l'électorat.

La famille doit être encouragée, honorée par tous; l'exemple doit venir d'en haut avec la protection.

Les fautes contre la famille doivent être réprimées autant que possible.

La société, à défaut de leurs auteurs, doit les réparer au point de vue de la morale comme de son propre avenir.

La question des enfants naturels, au point de vue de l'électorat, de leur position actuelle dans la société et de celle que je voudrais leur y voir occuper dans l'avenir, fait l'objet d'une brochure actuellement sous presse (1), annexe indispensable à ce projet de moralisation du suffrage universel.

Si dans mon projet de loi je n'admets que les hommes mariés ou veufs à l'électorat, je leur accorde, par les articles 2, 3 et 4, de voter pour leurs enfants majeurs et célibataires, pour leurs frères et leurs neveux célibataires, en cas de mort du père des premiers, du père et du grand-père des seconds; de telle sorte, que tous les citoyens âgés de 25 ans révolus aient leur voix au scrutin : directement, s'ils sont mariés, ou par l'intermédiaire de leur chef de famille marié, s'ils ne le sont pas eux-mêmes.

L'électeur, votant pour ses fils, frères et neveux, vote selon sa conscience et n'a nullement à leur rendre compte de son vote. Pour ses fils, ce lui est un droit acquis. Mais ses frères et neveux peuvent, non lui imposer un vote selon leurs idées, mais suspendre, par une opposition régulière, son droit de voter pour eux comme chef de famille.

Tout en prenant le mariage pour première condition

(1) *Les enfants naturels, de leur moralisation*, brochure in-8°, de 32 pages, paraîtra dans 8 jours

du droit à l'électorat, j'ai cru devoir fixer à 25 ans le minimum d'âge des électeurs, quoique le mariage puisse être contracté par l'homme dès l'âge de 21 ans, selon notre Code civil.

Mais si notre loi civile a fixé cet âge pour le mariage, c'est en vue d'une question de morale, du développement de la population, et surtout par la connaissance que le législateur avait que, chez l'homme, les passions se développent bien avant la raison.

A 21 ans, l'homme juge les choses trop légèrement. Je veux bien admettre que le mariage, par les charges qu'il comporte, le mûrisse ; mais que d'alliances contractées trop jeunes, résultat d'un caprice passager, auraient besoiu d'une raison de 25 ans pour atténuer leur précocité !

Or, dans la question qui nous occupe, les passions doivent se taire et la raison seule décider du vote des électeurs.

Par les articles 8 et 9, j'ai l'intention de soustraire la France à l'influence des sociétés secrètes, qui n'ont que trop laissé voir que leur but n'est ni moral, ni philanthropique, mais seulement dissolvant et démoralisateur.

L'article 10 complète les deux précédents en éloignant les étrangers, même naturalisés, de nos comices. Nous n'avons que trop facilement tendu la main et ouvert nos portes à tout venant. Sur cent demandes de naturalisation, il y en a 99 qui ne sont faites que pour les besoins du commerce des demandeurs, et surtout afin de pouvoir soumissionner des fournitures du Gouvernement, quitte à profiter de l'occasion, on sait pourquoi. Profitons donc des leçons reçues, et de nos mains fermons nos portes.

Je vous soumets donc le projet de loi électorale ci-contre, réglementé à ces divers points de vue.

J'ai l'espoir que, par son adoption, la régénération morale de la France s'accomplirait simultanément avec sa régénération matérielle et que notre noble patrie reprendrait alors la place qu'elle n'aurait jamais dû perdre dans le monde.

Projet de loi électoral par le vote universel basé sur la famille.

ARTICLE PREMIER.

Tous les Français, mariés ou veufs, sont électeurs à 25 ans révolus.

ARTICLE 2.

Les électeurs jouiront du droit de voter pour leurs enfants mâles, célibataires, âgés de 25 ans révolus et jouissant de leurs droits civils.

ARTICLE 3.

Les électeurs, en cas de mort de leur père, jouiront du droit de voter pour leurs frères célibataires, âgés de 25 ans révolus et jouissant de leurs droits civils. (*En cas de plusieurs frères mariés, ce serait l'aîné des mariés qui serait chef de famille.*)

ARTICLE 4.

Les électeurs, en cas de mort de leur père ou de leurs frères mariés, jouiront du droit de voter pour leurs neveux célibataires, âgés de 25 ans révolus et jouissant de leurs droits civils.

ARTICLE 5.

Les ecclésiastiques français sont électeurs du jour de leur ordination.

ARTICLE 6

Les religieux prêtres, ainsi que les religieux non prêtres, des différents ordres, âgés de 25 ans, sont électeurs du jour où, ayant fait profession, l'Etat leur accorde l'exemption militaire. Mais ils seraient rayés de la liste électorale du moment où ils quitteraient leur maison profès.

ARTICLE 7.

Les ministres des autres cultes reconnus par l'Etat étant admis au mariage par leur religion, sont régis par l'article 1er.

ARTICLE 8.

Les électeurs convaincus de faire partie d'une association ou société secrète française non autorisée par l'Etat, ayant un but politique ou social, seront privés de leurs droits électoraux pendant deux ans ; en cas de continuation d'affiliation à ces sociétés, la privation sera de 5 ans et de 10 ans pour la troisième fois.

Article 9.

Les électeurs convaincus de faire partie d'une association ou société française et étrangère, mais ayant des ramifications à l'étranger, non autorisée par l'état, avec un but soit politique, soit social, soit d'organisation de travail ou de grèves, seront définitivement rayés des listes électorales.

Article 10.

Les étrangers naturalisés français ne sont pas admis par ce fait à l'électorat.

Article 11.

Les enfants nés et élevés en France d'étrangers naturalisés français, jouiront des droits et des devoirs des citoyens français.

Article 12.

Les enfants nés et élevés en France de résidents étrangers non naturalisés, jouiront des droits et des devoirs des citoyens français, à leur majorité, s'ils optent pour la France.

Article 13.

Les cas d'indignités sont les mêmes que ceux prévus par les lois précédentes, avec cette aggravation, que le père devenu indigne, perd non-seulement ses droits personnels, mais encore ceux qui lui sont conférés par les articles 2, 3 et 4.

Article 14.

Sont éligibles, les électeurs à trente ans révolus.

Dispositions pratiques à prendre pour l'application de cette loi.

—

A la mairie, il sera donné à chaque nouveau marié un livret composé de 16 feuillets de 10 cent. de largeur sur 18 cent. de hauteur, recouvert en parchemin et dans un étui en fer battu, cuivre ou autre métal. Ces dimensions permettront de pouvoir l'introduire facilement dans la poche de côté d'un vêtement quelconque. Les coins du livret, ainsi que ceux de l'étui, seront arrondis pour éviter l'usure du vêtement. La première page portera dans un ovale la photographie du titulaire à l'époque de son mariage. Une épreuve en sera apposée sur le registre de l'état civil ; au dessous sera inscrit son état-civil.

Les 2e et 3e pages porteront l'indication de ses services civils et militaires, les diverses récompenses qu'il aurait pu obtenir dans ces deux positions. S'il a été vacciné (l'époque en sera indiquée selon le livret du père), sa position scolaire, depuis la mention « ne sait ni lire ni écrire » jusqu'à l'obtention des grades universitaires les plus élevés.

La 4e page portera dans un ovale la photographie de la mariée à l'époque de son mariage ; une épreuve en sera apposée sur le registre de l'état-civil. Au-dessous, l'état-civil de la mariée.

La 5e page, si la mariée a été vaccinée (l'époque indiquée par le livret du père), sa position scolaire.

Les 6e et 7e pages restent en blanc pour le cas de seconde union.

De la 8ᵉ à la 17ᵉ page ; elles sont réservées pour l'inscription des naissances, avec mention de la vaccination et de la position scolaire de chaque enfant, depuis l'âge de 7 ans, sans que pour cela l'instruction devienne forcément ni laïque ni obligatoire.

De la 18ᵉ à la 32ᵉ page ; elles sont réservées à la constatation des votes du titulaire. A cet effet, ces pages seront divisées chacune en six compartiments, afin d'y recevoir la date, le lieu du vote et le timbre municipal au moment du vote.

L'inscription des cas d'indignité sera faite à la mairie, sur les registres de l'état-civil, mais non mentionnée sur les livrets, afin que les titulaires n'en prennent pas motif de le perdre ou de le lacérer.

Chaque fois qu'il y aura scrutin, l'électeur devra se présenter à sa mairie quelques jours avant, afin d'y justifier de son droit, du nombre des enfants, frères ou neveux pour lesquels les articles 2, 3 et 4 lui donnent pouvoir de voter.

Il devra être muni de son livret et de ceux de son père et de ses frères mariés et décédés, s'il y a lieu.

Il lui sera alors délivré autant de bulletins de vote en blanc, sauf le timbre de la mairie, que la loi lui aura accordé de voix à exprimer.

Le jour du vote, l'électeur inscrira le ou les candidats de son choix sur son ou ses bulletins ; mais nul autre bulletin que ceux délivrés par la mairie ne sera admis.

En même temps, l'inscription du vote sera apposée sur le ou les livrets de l'électeur, dans l'une des cases *ad hoc* du ou des livrets, selon ce qui a été déjà dit ci-dessus.

Ces mesures sont prises afin d'éviter que des personnes, qui souvent viennent s'imposer comme scrutateurs, puissent substituer des bulletins à ceux régulièrement mis dans l'urne par les électeurs.

NOTA.

1º Afin d'honorer la famille dans les nombreuses descendances, je voudrais voir les électeurs, pères de huit enfants, quel qu'en soit le sexe, issus d'une ou de plusieurs unions, reconnus « Notables-Citoyens ; » ils auraient droit au port d'un brassard dans les fétes publiques, à une place réservée dans les cortéges, au droit d'assistance muette aux séances de leur Conseil municipal, et pardessus tout au respect de leurs concitoyens. Ceux qui se trouveraient dans une position précaire justifiée, auraient droit à la remise totale ou partielle de leurs taxes et impositions.

2º Les électeurs qui, durant dix années consécutives, auraient régulièrement et sans interruption rempli leurs devoirs électoraux, seraient également reconnus « Notables-Citoyens » et jouiraient des prérogatives stipulées ci-dessus, moins naturellement la remise des impositions.

Si l'on trouve ce titre de « Notables-Citoyens » un peu bien suranné (les notables commerçants existent, cependant), il serait facile de leur trouver un autre titre distinctif, mais dans le même esprit.

Je ne dis pas que le Gouvernement devrait autant que possible n'accorder ses emplois qu'à des hommes mariés : il y viendrait de lui-même.